# DISCOURS

Prononcé à la Fête célébrée en l'honneur de *l'ÊTRE SUPRÊME*, le 20 Prairial, par Pierre TRAHAN, Agent National, près la Commune de Marseille.

## Citoyens,

« Le Peuple Français reconnaît l'Être Suprême et l'Immortalité de l'Ame ».

C'est pour sanctionner cette déclaration sublime et salutaire, que la Convention Nationale a ordonné la pompe solemnelle de ce jour. Au même instant, et sur tous les points de la République, les Français, rendus à la dignité de leur être, vont enfin rendre à l'Éternel un culte digne de lui. Les Rites puériles de la superstition n'en souilleront pas la pureté. Ce n'est plus dans l'étroite enceinte d'un réduit obscur, à la sombre lueur des pâles flambeaux et par l'intermédiaire de quelques Prêtres fanatiques, pétris d'orgueil, d'ambition et d'avarice, que les hommes trompés et crédules, présenteront leurs vœux et leurs offrandes à un

Dieu défiguré par l'ignorance et par le crime; c'est sous la voûte éthérée qui nous peint l'immensité du Créateur, à l'aspect du Soleil son plus bel ouvrage, et par l'organe des Magistrats dont le choix libre atteste les vertus, que le Peuple Français adorera le Dieu de la nature, et qu'il la verra sourire à l'hommage offert à son Auteur. Et comment ne pas le reconnaître, quand tout annonce son existence ! il se peint dans la sublimité de ses ouvrages. Quel autre qu'un Dieu, eût pu créer ces mondes qui gravitent dans l'espace, prescrire aux sphères célestes une route régulière même dans des orbites irréguliers ! tracer la marche constante des saisons ! cette marche uniforme dans sa variété, et dont les phénomènes successifs présentent à nos yeux le tableau journalier de la production et de la régénération des êtres !

Si tout ce qui existe dans la nature, si tout ce qui nous environne retrace la puissance, l'immensité et la sagesse du Créateur, rentrons en nous-mêmes, descendons dans nos cœurs, et nous y trouverons l'idée d'un Dieu gravée en traits ineffaçables.

De toutes les créatures, l'homme est la seule à qui il ait donné la faculté de le connaître; et s'il nous doua d'une raison trop faible et trop bornée pour le concevoir, il mit du moins dans nos cœurs le sentiment qui atteste son existence.

C'est sur-tout par ses bienfaits, qu'il se communique à nous. Nous lui devons la vie, la sensibilité et le bonheur.

La reconnaissance est le premier des liens qui nous attachent à lui ; en nous créant, il nous donna des droits à sa protection : en veillant sur notre existence, il en acquiert de plus sacrés à notre respect, à notre amour ; il forma notre intelligence pour le connaître, et nos cœurs pour l'adorer ; élevons-nous donc à lui par la vertu qui seule peut mettre quelque proportion entre notre néant et son immensité. Mais gardons-nous de le rabaisser par la superstition, de le défigurer par le fanatisme, et de l'outrager en lui prêtant nos passions et nos erreurs. Adorons-le sans chercher à le définir. Il éclaira nos ames du flambeau de la raison ; sachons-nous en servir pour dissiper les ténèbres d'une mystérieuse et absurde théologie. Père de tous les humains, il embrase l'univers de ses affections paternelles ; ne croyons donc pas qu'il rejette des vœux purs et sincères, sous quelque forme qu'ils lui soient offerts. La justice est l'un de ses principaux attributs ; soyons-donc bien convaincus qu'il ne peut se complaire dans nos injustices. Sévère pour le crime, il est indulgent pour la faiblaisse ; punissons le coupable, pardonnons à l'erreur ; il a gravé nos devoirs dans nos cœurs ; voyons dans leur accomplissement la religion qu'il nous prescrit. Pères tendres, époux fidèles, enfans soumis et respectueux, bons citoyens, Républicains amis de la vertu, hommes justes, descendez dans votre ame, vous y trouverez la conscience de l'Etre suprême, le calme de la probité, l'amour du vrai, la pratique du bien et l'espoir d'un avenir rémunérateur.

B

Cet espoir ne sera pas trahi, puisqu'il existe un Dieu tout-puissant et juste qui chérit la vertu, et qui déteste le crime; il existe sans doute aussi des récompenses pour l'une, et des peines pour l'autre.

Oui, l'immortalité de l'ame est la conséquence nécessaire de l'existence de l'Etre Suprême.

Le sentiment et la raison se réunissent pour constater une vérité aussi consolante qu'utile. Il n'y a que les ennemis du bien public et de leur propre bonheur, qui puissent la désavouer, la combattre, ou chercher à l'obscurcir.

Eh quoi ! l'amour paternel, la piété filiale, la tendresse des époux, la sainte amitié, l'amour sacré de la Patrie, toutes les affections de l'ame, ses délicieuses sensations, et sur-tout cet instinct irrésistible qui fait élancer l'homme au-delà des limites étroites d'une courte et précaire existence, ne seraient donc que des illusions trompeuses d'un dogme mensonger ?

Vieillard vénérable dont j'ai fermé la paupière, toi mon père, dont la vie entière, consacrée au bonheur de tes semblables, fut marquée par l'injustice des hommes et par les bienfaits que tu répandis sur des ingrats; toi qui formas ton fils par la leçon du malheur, et par l'exemple des vertus, ta bouche mourante le bénit en invoquant l'Etre Suprême, et tu serais englouti tout entier dans le tombeau, et ton fils devrait renoncer à l'espoir de se réjoindre à toi dans le séjour de la Divinité !

Tendre et fidèle compagne qu'une mort prématurée ravit aux vœux d'un jeune époux dont tes vertus fesaient le bonheur, tu perds la vie en la donnant au premier gage d'un hymen fortuné ; et la tombe dévorerait tout-à-la-fois et cette dépouille mortelle dont les charmes attiraient les regards, et cette ame expansive et sensible qui gagnait à la vertu tous ceux qui t'approchaient !

Mon cœur oppressé se refuse à cette idée déchirante. Elle ne peut être adoptée que par ces monstres pour qui le crime est un besoin, et la vertu un supplice ; n'ayant d'autre principe que l'immoralité, il ne leur reste d'autre espérance que le néant ; mais l'homme de bien se plaît à croire que le sentiment survit à la matière. Oui, lorsque le principe de la sensibilité s'échape par la dissolution de nos organes, il rentre sans doute dans le sein de la Divinité dont il était une émanation.

Si ce feu élémentaire qui anime notre corps périssait avec lui, Brutus n'eût donc pas blasphêmé la vertu, en la regardant comme un fantôme ; le bien et le mal seraient indifférens ; les notions du juste et de l'injuste ne seraient qu'une chimère ; et le scélérat adroit qui jouirait impunément du fruit de ses crimes, pourrait à juste titre se dire le plus sage des hommes, tandis que l'innocent dupe de sa vertu, en serait tout à la fois le plus malheureux et le plus imbécille.

Illustre MARAT, vertueux LEPELETIER, généreuses victimes de la cause populaire, en tombant sous le couteau d'un perfide assassin, vous seriez donc morts sans l'espoir consolateur de recueillir au sein de la divinité, le prix de votre dévouement ; et les monstres qui porterent sur vous une main parricide, pourraient sans horreur voir lever sur leur tête la hache des loix, puisque sa chute, en leur ouvrant le tombeau, ne leur présenterait que le tranquille repos d'un sommeil éternel !

Non... Il n'en est pas ainsi : la nature ne peut intervertir ses lois ; elles sont nécessairement l'ouvrage d'un principe éternel, immuable, puissant et juste. Il cesserait de l'être, si le crime et la vertu étaient indifférens à ses yeux.

L'idée d'un Dieu vengeur qui quelquefois prévient le crime, qui du moins tourmente le coupable puissant, par la terreur d'un supplice futur et inévitable ; celle d'un être rémunérateur qui console l'opprimé dans ses souffrances, par l'espoir d'un meilleur avenir, ne sont donc pas une vaine illusion. Eh ! si ce pouvait être une erreur, ce serait du moins l'erreur de la vertu, et elle ne serait pas moins utile à l'univers, que les vérités les plus importantes.

Oui, le dogme de l'existence d'un Etre Suprême et de l'immortalité de l'ame, s'il n'était pas un principe de religion, serait encore une maxime de morale publique ; ce dogme salutaire est la plus ferme, et peut-être la seule garantie du pacte social ; sans lui il n'existe même plus de sociabilité, les passions n'ont plus de frein, le crime n'a plus de remords, l'innocence plus de réfuge ; l'athéisme en un mot est la religion des forfaits ; et le matérialiste, pour être conséquent à son système, doit commettre tous ceux que son intérêt, son ambition, ou ses désirs effrénés lui commandent. Alors tous les liens qui unissaient les hommes se brisent nécessairement, les mœurs se corrompent, les affections de la nature sont étouffées, la licence égorge la liberté, et le gouvernement le plus vigoureux, le mieux organisé ne peut échapper à une prompte et entière dissolution.

Ils l'avaient bien compris, ces hardis conspirateurs, dont la tête vient de tomber sur l'échafaud. En nous peignant le tombeau comme le terme fatal de la destinée des humains, ils creusaient l'abîme qui devait engloutir notre liberté naissante; en nous présentant le trépas comme le point qui sépare une vie passagère d'un néant éternel, ils cherchaient à éteindre dans nos ames les douces affections de la nature, et ce désir ardent de gloire qui produit l'enthousiasme de toutes les vertus civiles et militaires. En un mot, ils n'essayaient d'anéantir la Divinité, que pour anéantir avec elle la République. La mort, nous disaient-ils, n'est qu'*un sommeil éternel*; en professant cette doctrine destructive, ils mentaient à leur conscience, mais ils remplissaient leur but en propageant des principes propres à servir la cause des tyrans qui les salariaient. En détruisant les relations de l'homme à Dieu, ils détruisaient les devoirs de l'homme à l'homme ; ils sapaient toute religion pour étouffer toute morale ; ils déclaraient enfin la guerre à l'Etre

Suprême pour organiser la guerre civile, irriter toutes les passions, exaspérer jusqu'à la vertu, froisser la République entre la superstition et le crime, et diriger en même tems contr'elle la torche du fanatisme et le poignard de l'assassinat.

Oui, Citoyens, l'athéïsme érigé en principes, est le plus terrible des moyens dont les ennemis de la République pouvaient s'armer contr'elle ; de tous les complots tramés jusqu'à ce jour par l'aristocratie, c'est le plus dangereux qu'il ait ourdi contre la liberté.

Voyez en effet quelle est la marche tortueuse, des despotes et de leurs lâches complices. Longtems ils abuserent de la superstition pour opprimer la terre au nom du ciel: alors ils prêchaient l'existence d'un Dieu ; mais c'était celle d'un Dieu fait à leur image, injuste, jaloux et vindicatif comme eux, bizarre dans sa clémence, et tyran dans ses punitions. Dépouillés aujourd'hui des prestiges dont ils s'étaient environnés, les oppresseurs de la terre voulaient renverser le trône de la divinité, pour rétablir sur ses débris celui des rois. Leur criminel système, prêché par des hommes qui avaient eu l'art de cacher une profonde scélératesse sous le masque du patriotisme, acquérait chaque jour de nouveaux sectateurs ; et bientôt peut-être aucune digue n'eût été capable d'arrêter dans son cours ce torrent dévastateur.

Citoyens, que la leçon de l'expérience ne soit pas perdue pour nous qui voulons être vertueux, uipsque nous voulons être libres ; sachons que la vertu et la liberté sont toutes deux filles du ciel, et que l'une cesse d'exister dès qu'on la sépare de l'autre. Sachons sur-tout, et n'oublions jamais que la superstition et l'athéisme menent également à l'esclavage ; l'une, en abrutissant la raison, confond tous les principes, détruit toutes les relations sociales, brise tous les liens naturels ; l'autre, en corrompant la conscience, produit l'immoralité, l'égoïsme et les forfaits. En un mot, la raison et la vertu enfantent et accompagnent la liberté ; l'ignorance et le crime sont le partage des esclaves ; nous avons cessé de l'être, conservons une liberté précieuse conquise par tant d'efforts ; plaçons-la sous la sauve-garde de l'Etre Suprême ; il fit l'homme pour elle, mais il le créa aussi pour la vertu, sans laquelle il ne peut exister de bon gouvernement.

Peuple Français, lève-toi donc par un mouvement spontané et unanime, pour proclamer l'existence de l'Etre suprême et l'immortalité de l'ame.

Aimables enfans dont le front respire la candeur, dont l'ame est le sanctuaire de l'innocence, offrez au Dieu qui vous créa, le premier et pur hommage de votre reconnaissance.

Jeunes Citoyennes, portez au maître de la nature le tribut des fleurs dont il para nos champs, et des fruits qui les enrichissent.

Guerriers intrépides, Défenseurs généreux des droits de l'homme, élevez au Dieu des Armées, dont la Toute-Puissance protège si ouvertement la cause de la liberté, un trophée des chaînes de l'esclavage et des dépouilles du despotisme.

Vieillards vénérables, qui voyez approcher le terme d'une longue carrière honorée par les vertus, et peut-être par le malheur, bénissez et chantez l'Etre rémunérateur qui vous en réserve le prix et la récompense.

Citoyens de tout sexe et de tout âge, qu'une cérémonie auguste a rassemblés autour de la Montagne sacrée, réunissons nos cœurs et nos voix; et tandis que le bruit terrible de l'airain tonnant porte l'effroi dans le cœur épouvanté de nos perfides ennemis, qu'un concert harmonieux et fraternel porte le tribut de nos hommages à l'Etre suprême, et celui de la reconnoissance aux Représentans du Peuple français, qui en proclamant en son nom le dogme de l'immortalité de l'ame, ont fondé la République sur la base éternelle de la vertu.

### VIVE LA RÉPUBLIQUE.

### VIVE LA MONTAGNE.

A Marseille, de l'imprimerie du Sans-Culote Rochebrun, imprimeur de la Commune

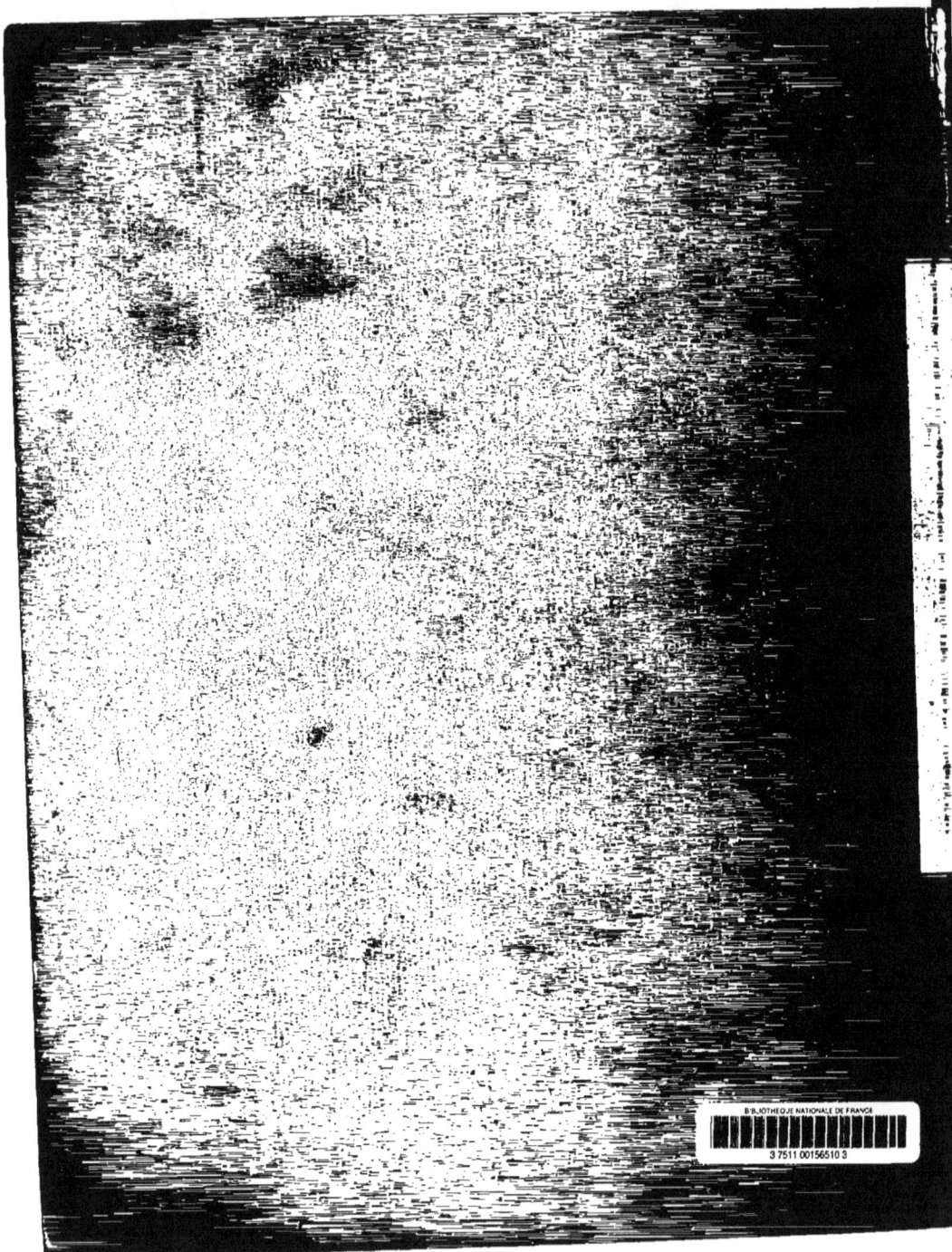

www.ingramcontent.com/pod-product-compliance
Lightning Source LLC
Chambersburg PA
CBHW071447060426
42450CB00009BA/2328